29 Octobre 1894

ALLOCUTION

PRONONCÉE

DANS L'ÉGLISE SAINT-JACQUES DE L'HOUMEAU

A ANGOULÊME

par M. l'abbé NICOLAS

A L'OCCASION DU MARIAGE DE SON FRÈRE

MM.

La vie, on vous le dit toujours, est un voyage qu'on fait par étapes ; voyage parfois bien long malgré sa brièveté réelle ; bien difficile, nonobstant les secours de toute heure ; bien fatigant, malgré les haltes ménagées par la Providence au voyageur plus soucieux de suivre le sentier tracé par le doigt de Dieu que les routes ouvertes par la main de l'homme.

L'enfant, nouveau Moïse, repose dans son berceau d'osier, laissé dans les roseaux du Nil, en attendant qu'un passeur le porte sur l'autre rive du fleuve, où il dormira son premier sommeil entre les bras d'une mère. C'est sa première étape : la plus courte, la plus calme et, peut-être aussi, celle que Dieu bénit le plus.

Pendant ce temps, les heures s'écoulent sans qu'il les compte. Heureux temps de la vie où l'on ne sait pas compter ! N'est-il pas pour l'ange endormi le premier rêve du ciel ?

A son réveil, il voit l'aurore, belle, radieuse, empourprée ; ses yeux pétillent, ses lèvres bégayent, ses mains, ses pieds se délient. La nature ensoleillée l'appelle, car elle est en fête ; et l'enfant va folâtrer sur la pelouse, cueillant avec folie les premières fleurs dont le sourire lui rappelle celui qu'il entrevit hier à travers la gaze rosée de son berceau.

A la moisson des fleurs succède la cueillette des fruits. Le jeune voyageur est déjà fort ; il va parcourir les vastes plaines jaunissantes, couche çà et là, parmi les bluets et les renoncules, quelques gerbes d'épis déjà mûrs qu'il transporte ensuite sur la lisière du chemin, et là, à l'ombre de la vigne vierge qui lui tend ses grappes dorées, comme autrefois le palmier du désert offrit ses fruits rafraîchissants au Divin Fugitif, il mange le froment des élus et boit le vin qui fait germer les vierges. Seconde étape toute de ravissements, d'irradiations ineffables. C'est le repos du prophète Élie mangeant sous le sycomore d'Horeb la nourriture apportée par le messager céleste. Alors les vastes horizons se déroulent, le regard éprouvé de l'enfant devenu jeune homme sonde les hautes mers, perce l'azur du ciel, s'abîme dans l'inconnu qu'il veut connaître, tombe à genoux et s'écrie : « Mon Dieu, que dois-je faire, car je vais être un homme ? » C'est la troisième halte, la plus décisive, la plus importante, celle qu'on ne doit jamais passer, car elle est capitale. A cette heure commence la période des responsabilités; on dispose de son avenir, on est maître de soi, demain on ne le sera plus.

C'est cette halte que vous faites en ce moment, jeunes époux; vous en comprenez toute l'importance, puisque vous avez choisi la maison de Dieu pour prendre la grande décision de la vie. Tous ces apprêts de fête, ces gerbes de fleurs et de lumières, cette affluence de parents et d'amis, en un mot, ce déploiement grandiose de chants, d'harmonies, de prières que prodiguent l'amitié, la famille et l'Église, vous disent assez ce qu'est l'heure présente. Elle sonne le premier coup de cette heure qui ne finira jamais.

« *Le mariage,* dit saint Paul, *est une bien grande chose.* » Pourquoi ? Parce que c'est le sacrement de l'union indissoluble de l'homme et de la femme : union la plus intime, car il n'y a plus qu'une seule chair comme il ne doit plus y avoir qu'un seul cœur entre ces deux êtres qui se donnent irrévocablement. Communion d'idées, de projets, d'affections. C'est l'abandon de soi, l'abnégation non pas d'un jour, mais d'une vie qui se serait concentrée dans le *moi* et qui désormais va se dilater en se donnant à un autre. N'avoir jamais vu que soi pendant vingt ans, à travers les miroitements que donne la jeunesse au prisme de la vie, s'être contemplé dans cette auréole puisée au foyer des caresses maternelles et embrasée par les premiers feux de l'amour ; puis tout à coup se perdre de vue, s'éclipser à soi-même, s'extasier devant une apparition soudaine qui ravit l'âme, parce qu'en elle s'idéalise tout ce que la beauté a de charmes, tout ce que la douceur a d'attraits, l'intelligence de grâces et le cœur d'amour. Oh ! quel prodige et quelle transformation pour l'homme !

Mais cette transformation, cette transfusion d'un être en un autre, le don réciproque de la moitié de soi, quelle force pourra jamais la produire ? Sera-ce la volonté d'un homme inspirée par l'orgueil de race, soudoyée par la richesse ambitieuse, pervertie par les passions déshonnêtes ? Non. Les mariages faits par l'orgueil de race ont toujours amené la dégénérescence des familles et plus tard celle des peuples : ceux dont les liens ne sont soudés qu'avec l'or, cet or serait-il passé par le creuset du travail, se dissolvent, ou, ce qui n'est pas moins triste si c'est moins scandaleux, se resserrent bien vite, étranglant dans leurs nœuds d'or le bonheur, peut-être même la vie. Pour les autres, ceux qui se font dans la rue, on les laisse passer en se voilant la face. Les cris bruyants de leur joie malsaine atteindront bientôt les clameurs que provoque une trahison suivie d'une fuite honteuse.

Ce n'est donc ni l'orgueil, ni l'argent, ni la passion qui donnent la force au lien matrimonial et le rendent indissoluble, mais bien la fusion de deux volontés libres sanctifiée par la grâce.

C'est cette force surnaturelle qui va bientôt rapprocher vos mains et lier vos cœurs, jeunes époux. Vous me permettez de le dire, sans manquer de discrétion et sans trop faire violence à la modestie chrétienne, ce ne sont pas les vues humaines qui vous ont rapprochés, mais bien les vues surnaturelles, c'est-à-dire l'amour de la vertu, la vie chrétienne dans la famille et la pratique exacte des observances religieuses.

Le beau pays que vous allez habiter, Mademoiselle, porte un joli nom, *Mireval* (*Mira Vallis, Vallée admirable*, comme disent les étymologistes). Je ne saurais vous dire d'où lui vient cet éloge. Est-ce de la colline sur laquelle sont bâties ses gracieuses maisons, d'où le regard s'étend sur un immense tapis vert, ondulé par les rameaux des jeunes vignes, au centre duquel se détachent des touffes d'oliviers et çà et là des bouquets de lauriers-roses en fleurs ? La Méditerranée vient doucement baigner ses pieds ; joignant son doux murmure aux chants qui descendent des monts

Garigues et des premières marches des Cévennes. Tout cela est bien beau ; mais ce qui rend la vallée admirable, ce qui fait Mireval, ne serait-ce pas son ciel bleu, toujours pur ? On admire ce ciel et je le crois admirable, c'est le vrai sens du *Mira Vallis*. Vous y trouverez encore beaucoup de foi, mêlée il est vrai d'un peu de superstition, mais les habitants aiment l'Église et pensent au Ciel. Ah ! vous verrez quelques-unes de ces vieilles familles ; si elles n'ont pas la noblesse du nom, elles ont celles du sang. Vous entendrez parler de leurs ancêtres, vous trouverez des traces de leur heureux passage, soit aux affaires civiles, soit aux affaires religieuses. Heureuse serez-vous, Mademoiselle, d'apprendre que ces ancêtres sont les vôtres. Nous ne sommes pas moins heureux de penser que l'alliance contractée aujourd'hui avec votre famille est, pour nous, l'arc-en-ciel d'un avenir de bonheur. Le passé comme le présent nous disent, par la bouche de ceux qui vous connaissent : « Vous serez heureuse! », mais encore une fois quel est le fondement de ces espérances, de part et d'autre ? Ah! c'est la foi religieuse respectée, bien plus, fidèlement pratiquée dans les deux familles. Sur une pareille base on peut élever un nouveau foyer et rester sans crainte, car il est surmonté d'une croix.

Prenez pour modèles ces familles chrétiennes qui vous entourent et vous accompagnent de leurs vœux.

Voyez, le mari commande, non pas de ce commandement arbitraire qui ne tarde pas à devenir despotique, mais de ce commandement suave qui ne sait s'exprimer que par un désir. Dans une famille on ne devrait jamais entendre le mot : « Je veux. » Ne semble-t-il pas provoquer cette révoltante contradictoire : « Je ne veux pas ! »

Pour vous, Monsieur, vous pourrez écouter le conseil d'un frère : n'exprimez vos volontés que par un désir.

Alors la femme porte sans peine, avec joie même, le joug de l'obéissance chrétienne, et même je vais plus loin, la femme s'efforce alors de deviner les désirs du mari.

De là cette vie d'entente, de concorde, d'union qui résulte de la transfusion de deux volontés en une seule. Oh ! l'heureuse union, l'heureuse vie, l'heureux ménage ! Quelle intimité, quel respect, quelle discrétion entre ces deux êtres, hier si indifférents et aujourd'hui si attachés l'un à l'autre !

Osera-t-on les séparer ? Non. Voyez, lorsque le moment de se séparer arrive (car il faut bien vaquer aux occupations de la vie), voyez ces regards langoureux se mouiller de larmes, se suivre encore, puis se chercher jusqu'à ce qu'ils se retrouvent ? Qui viendra s'interposer ? Personne. La vie de famille est dans son plein, on se suffit car on s'aime. Ne craignez pas alors qu'on cherche à se répandre au dehors, qu'on prête l'oreille aux rumeurs du monde. Oh non! On aime son chez-soi, on le garde fidèlement et l'on n'y admet que de rares amis, ceux-là seuls qui comprennent la vie de famille. Dans toutes les maisons de Rome païenne, et encore de nos jours dans l'Extrême-Orient, on trouve au centre de chaque demeure ce qu'on appelle les *Pénates*. C'est un petit sanctuaire, plus ou moins richement décoré selon la richesse des habitants, où reposent les cendres des ancêtres. On s'y retire en famille, le soir, pour la prière, ou bien pour prendre des décisions importantes.

Je regrette que dans les familles chrétiennes on n'ait pas conservé cet usage en le christianisant, mais il me semble qu'on peut encore y suppléer. — Ne devrait-il pas y avoir dans tous les ménages ces *Pénates* intimes que chaque membre de la famille se ferait dans sa conscience? Je m'explique. Ne devrait-il pas y avoir des secrets de famille que chacun garderait d'une manière inviolable dans toutes les circonstances de la vie, ces circonstances seraient-elles heureuses ou néfastes? — Oh! quelquefois il doit en coûter de ronger dans la solitude et l'abattement des misères intimes; mais est-ce en découvrant ces plaies au premier passant ou à un intrus qu'on les guérit? On les rend souvent incurables.

Vous avez besoin de consolation, de soulagement, allez vous jeter aux pieds du Crucifix; approchez-vous du Tabernacle; priez le Sublime Consolateur et vous aurez sûrement un adoucissement à vos peines.

Il est surtout au cœur de la famille, lorsque Dieu bénit les mariages, et il les bénit toujours lorsqu'ils sont chrétiens, des êtres qui ne doivent apprendre que bien tard à pleurer et à souffrir. Je veux parler des enfants.

Des enfants, il en faut dans une famille ; car il faut un trait d'union, et la famille sans enfants c'est la maison découronnée. Être époux, c'est beau, mais à une condition, c'est qu'on priera Dieu de mettre sur la tête de l'homme la couronne de la paternité et sur la tête de la femme celle de la maternité.

La famille de la terre est une miniature de la famille du ciel. Entre le Père et le Saint-Esprit, il y a, Là-Haut, le Fils ; entre le père et la mère, ici-bas, il doit y avoir un enfant, héritier de leur être commun comme il naît de leur commun amour.

Dans l'Ancien Testament, toutes les fois que Jéhovah bénit un homme, il en fait un patriarche, lui promet de nombreux enfants, multiplie sa race et l'envoie, phalange apostolique, porter son nom sur tous les rivages du monde.

Dans le Nouveau Testament, quelles sont les familles vraiment bénies ? Ce sont les familles nombreuses. Belle, dit la Sainte Écriture, est la ramure de l'olivier, lorsque les jeunes pousses s'élancent sur son tronc vieilli ; belles encore les murailles des villas, quand une vigne vivace les couvre de ses pampres dentelés et de ses grappes vermeilles ; mais plus belle est la table paternelle, à l'heure de la distribution du pain, lorsque le père, rayonnant au centre de sa couronne filiale, échange avec la mère ses beaux projets d'avenir. Les années peuvent blanchir sa tête et miner ses jours, la vie ne s'en va pas, elle se multiplie, elle brille à l'heure même où tout semble s'éteindre ; et, traduisant la belle pensée du poète latin :

« *Non totus moriar.* » — (Je ne mourrai pas tout entier.)

il m'est permis de dire : « Un père et une mère ne meurent jamais. »

La survivance dans les enfants, voilà le noble espoir d'un père et d'une mère. Et l'on a, non seulement la consolation, mais même le droit de compter sur cette survivance, quand les parents ont rempli tous leurs devoirs. Dans toute famille, ne l'oubliez pas, jeunes époux, il faut un bras et un cœur, c'est-à-dire l'autorité et l'amour, qui sont l'âme de toute éducation. Je ne vous dirai pas qu'élever des enfants c'est en faire des bacheliers ou des brevetées. Non, on peut avoir ses diplômes et ne pas avoir d'éducation. — Ah ! c'est que celle-ci ne s'apprend pas dans les livres, ou mieux elle ne s'apprend que dans un livre d'or, le cœur d'une mère. Et ce livre d'or ne s'imprime pas, il faut l'écrire, et l'écrire avec une plume taillée dans la tige d'un lys. N'est-ce pas assez dire que le cœur d'une mère doit être tout chrétien.

Alors elle pourra passer ce livre entre les mains du père qui l'apprendra mot à mot à l'enfant, alors l'éducation sera parfaite et la survivance des parents est assurée.

Se rappeler les leçons reçues au foyer paternel, en imbiber son âme, reproduire les exemples de vertu dont on a été les heureux témoins, buriner sur ses jeunes traits les traits de ceux qui nous ont donné le jour, vivre de leur vie, et transmettre fidèlement ce dépôt bien précieux entre des mains pieuses qui le transmettront à leur tour, n'est-ce pas faire revivre un père et une mère ?

Oh ! vous revivez déjà, pères et mères, dont les enfants vont s'unir tout à l'heure dans le sacrement du mariage. Vous avez été pieux, chrétiens, ils le seront à leur tour. Ah ! conservez, jeunes époux, les souvenirs de famille dont vous allez devenir les dépositaires, transmettez-les fidèlement à vos enfants, donnez-leur toujours le bon exemple, apprenez-leur à prier, à croire et à vivre conformément à leur croyance.

Et maintenant, je m'arrête, trop heureux, après avoir rempli la douce mission d'Éliézer, de vous accorder la bénédiction que l'Église accorde aux unions chrétiennes. Qu'elle soit bien féconde, cette bénédiction, qu'elle dure aussi longtemps que dureront vos promesses, c'est-à-dire toujours.

Ainsi-soit-il.

MONTPELLIER. — IMPRIMERIE CENTRALE DU MIDI
(Hamelin Frères)

www.ingramcontent.com/pod-product-compliance
Lightning Source LLC
Chambersburg PA
CBHW060517050426
42451CB00009B/1023